特定非営利活動法人（NPO）

女性人権機構

Association for Human Rights of Women

どうする、日本のジェンダー平等戦略

オンラインシンポジウム 2023

編　者

橋本ヒロ子　林　陽子　芹田健太郎

JN061131

信山社ブックレット

は じ め に

名もなき人々の小さな一歩が、歴史に大きな一歩を踏み出します。

1975年「第1回国連世界女性会議」が開催され、女性の人権を守る取り組みが大きく動き出しました。1979年に女性差別撤廃条約が国連総会によって採択され（日本は1985年批准）、1993年の国際人権会議では「女性に対する暴力」が取り組むべき中心課題として認識されました。その後の北京で開催された1995年「第4回世界女性会議」では北京行動要綱で、あらゆる政策と施策にジェンダー視点を反映させる、いわゆるジェンダーの主流化が打ち出されました。これらの背後には女性の人権を求める広範な運動があったことは論を俟ちません。

2000年、国連で「ミレニアム開発目標」が採択され、女性の人権に関する具体的な目標が数多く掲げられ、その実現に向けて各国は共通の課題として取り組み始めました。そして、2006年、アジア・太平洋地域女性の人権問題の擁護、発展を目指すために、女性人権機構が設立されました。

現実には、世界中で深刻な女性への人権侵害が後を絶ちません。世界的な気候変動による洪水、山火事、干ばつ、水不足などは女性や子ども、障がい者などマイノリティの日々の生活を

直撃し、拡大する経済格差、宗教的不寛容が女性に対する暴力を助長しています。ウクライナ戦争や世界各地で続発する紛争は未だ収束の兆しを見せず、これらは女性に対し、経済的のみならず、身体的、精神的な傷をもたらしています。そして、2020年に世界を襲った新型コロナ感染症は、それまでかろうじて持ちこたえていた弱者を直撃し、ただでさえ不安定な生活を根こそぎ破壊しました。もともと女性の非正規就労の多い、飲食・宿泊・生活・娯楽などのサービス業などの業界では解雇・雇止めが多く発生し、自殺も増加したことは多くのデータが示すところです。ワーキングプアが常態化していたシングルマザー家族の生活と家族も益々追い詰められています。感染症による災禍は最も弱いものを容赦なく襲うのです。

　人権とは、すべての人が人間らしく生きるために、生まれながらにして持っている権利です。ジェンダー平等社会は、私たちの生命や自由、教育、健康な生活を守り、かつ社会を発展させていく基盤です。

　残念なことに新型コロナ感染症がもたらした状況は女性人権機構でもかわりません。私たちも2020年以降活動の自粛を余儀なくされました。だからこそ、今回活動を再開するにあたり、「どうする、日本のジェンダー平等戦略」と題したシンポジウムでは、これまでの災禍を今一度皆さんと振り返り、今後の方向性を確認することが必要と考えました。

　第一部では、東京大学名誉教授、元東大副学長の大沢真理さ

んに「女性を罰する社会？少子化は当然の帰結」と題して新型
コロナ感染症が女性に与えた影響、とりわけ私たちが見過ごし
たことはなかったかを中心に振り返っていただき、第二部では
アジア太平洋人権情報センター所長、SDGs 市民社会ネット
ワーク共同代表の三輪敦子さんに、今回の世界的災禍を克服す
る国際的な枠組みについて語っていただきました。

　明日は今日よりも良くなる。本書が一人ひとりの力の集積こ
そが歴史を変える、と信じて、日本のジェンダー平等、ひいて
は女性の人権を考える方々の議論を深める上での一助となれば
幸いです。

特定非営利活動法人　女性人権機構

理事長　橋本ヒロ子

本書は 2023 年 3 月 25 日に開催された女性人権機構主催の
オンラインシンポジウム「どうする、日本のジェンダー平
等戦略」での発表と討議を編集、整理したものです。

● 目　次 ●

目　次

どうする、
日本のジェンダー平等戦略

第一部

女性を罰する社会？
少子化は当然の帰結

講師　　大沢 真理

プロフィール：東京大学名誉教
授。東京大学社会科学研究所
長・東京大学副学長を歴任。著
書に『生活保障のガバナンス』
(有斐閣、2013 年)、『企業中心社
会を超えて』(岩波現代文庫、
2020 年)。編著に『災害・減災
と男女共同参画』社会科学研究
所研究シリーズ第 66 号 (2019 年)。最近の論文に「アベノミクスがあら
かじめ深めた「国難」」、『公法研究』82；「コロナ禍への日本政府の対応
── 社会政策の比較ジェンダー分析から」、『経済社会とジェンダー』7
(2022 年)。

ご紹介いただきました大沢真理です。

今日は、このような機会を頂戴し、大変ありがたく思っております。

1 女性を罰する社会の正体

「女性を罰する社会」という報告タイトルに疑問符がついておりますが、自分では疑問なしです。そのような社会の帰結として、当然に少子化になっているということを、本日お話申し上げたいです。

女性を罰する社会は、英語でミソジニスティック・ソサエティ（misogynistic society）です。ケイト・マンという著者が、ミソジニーについて、「女性嫌悪という定義は素朴すぎる」と指摘し、「家父長制に挑む、つまり男の言いなりにならない女性を統制し処罰することである」という議論を提起しています。これを受けて上智大学教授の三浦まりさんは、ミソジニーを「女嫌い」とか「女性嫌悪」などと訳すよりも、「女性処罰感情」、ないし「女性制裁感情」と呼ぶべきではないかと提案されています。『さらば、男性政治』という、最近出版された大変素晴らしい書籍です。ケイト・マンや三浦まりさんの問題提起を受けて、この報告では、感情に留まらず、社会の制度や慣行が女性を罰していると指摘したいと思っています。

そこで着目する指標は、一つは出生動向、それから貧困率とその推移、所得および賃金、そしてコロナ禍に関しては、第何

5

波と数えられましたけれども、その波ごとの性別・年齢階級別死者の構成、都道府県別・性別の高齢死者の人口比といったデータをご覧いただきます。そして自殺の動向にも簡単に触れていきたいと思います。

② 加速する人口減少

　図1は、出生数の実績と将来推計との乖離が進んでいることを示します。つい最近も、昨年1年の出生数が80万人を割ったことがニュースになりました。この80万人の中には外国籍の方も入っています。このグラフは、日本における日本人の出生数の推移を見ています。日本人だけだと昨年の出生数の速報

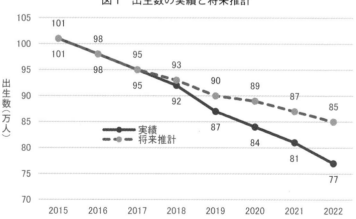

図1　出生数の実績と将来推計

出所：実績は人口動態統計の日本における日本人。将来推計は社会保障・人口問題研究所「日本の将来推計人口（2017年推計）」出生中位・死亡中位推計。日本における日本人。

は77万人、もう少し詰めると77万人を割るのではないかといわれています。ここに出生数を示しているのは、合計特殊出生率という指標が、目安にならなくなってきているからです。日本では若年女性の人口が細り、出生率が上昇したとしても、子どもは増えないという「少子化スパイラル」に完全に入っています。その少子化の加速は2019年から起こっている。点線と実線の乖離が2019年から拡大していることが分かります。これは、2018年中の妊娠数が推計よりも低かったことの帰結です。コロナ禍でさらにこの2つのグラフの乖離が加速していることが分かると思います。ちなみに2017年というのはどういう年だったかというと、2017年5月には幼児教育や保育の無償化方針が示され、その年の9月には当時の安倍晋三首相が少子高齢化を国難と称して解散総選挙を打っています。そういう政治の側の一定の危機意識をさらに上回る、予想を超える少子化が進んできたことがわかります。

③ 貧困率の高さは OECD 諸国で有数

◆国 際 比 較

さて、次は貧困率のグラフ（図2）になります。ちょっと細かくて、恐縮ですが、OECD諸国が配列されております。この諸国の配列は、左側の一塊が、初期からEUに加盟をしていた国です。イギリスが2020年にEUを離脱して右側のほうにいってます。左側のオーストリアから、真ん中あたりまでは、1995年までに加盟していた国です。それから中のグループ、

図2　2018年の相対的貧困率（%）、年齢グループ別

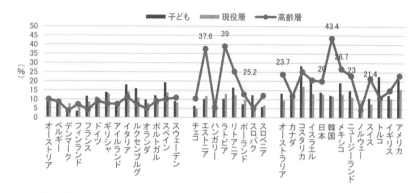

注：諸国の配列は、左のオーストリアからスロベニアまでが2018年のEU加
　　盟国（イギリスは2020年に離脱）。うちオーストリアからスウェーデンま
　　でが1995年（第4次拡大）までの加盟国。中央の中東欧およびバルト3国
　　は第5次拡大で2004年および2007年に加盟。各グループ内では国名のア
　　ルファベット順に配列している。
出所：OECD. Stat. Social Protection and Welfare より作成

中東欧およびバルト3国は、第5次EU拡大で加盟した国々、
そして右側の塊は、イギリスを含めて、加盟していない国です。
各グループ内では国名のアルファベット順に配列しています。
左側のグループと中のグループを見ると、ヨーロッパで高齢層
の貧困率が突出しているのは、バルト3国、エストニア、ラト
ビア、リトアニアであることがわかります。EU外、右側の塊
ですね。韓国を筆頭に、日本など、高齢層の貧困率が突出して
いる国が少なくないです。しかしながら、子どもと現役層でも、
日本の貧困率は有数に高いです。

◆**男女別比較**

　さて、貧困率を男女別に見ることは、そう簡単ではありません。日本では、東京都立大学の阿部彩さんが、日本の貧困統計ホームページを運営しておられ、そこに男女別・年齢階級別の貧困率の推移などが示されています（https://www.hinkonstat.net/「相対的貧困率の長期的動向：1985 - 2015」パート 3；「相対的貧困率の動向：2019 国民生活基礎調査を用いて」）。1985 年から 2018 年までの推移です。しかし、OECD などの簡単に見られる統計では、年齢階級別はあっても、性別の貧困率はありません。阿部彩さんの HP によれば、1985 年から 2018 年までの 30 年間で、5 歳から 24 歳の女性の貧困率が上昇しています。10 歳から 24 歳の男性の貧困率も上昇していることが分かります。また男女とも 40 代で上昇しています。一番重要な点は、女性では後期高齢期の改善が見られないことです。このホームページをぜひご覧ください。

　1985 年と 1994 年には、75 歳以上あるいは 80 歳以上の女性では、それより下の中高年女性より貧困率が低くなっていました。しかし 2003 年から、そういった後期高齢期での改善は見られなくなり、2018 年はかなり憂慮すべき事態になっています。これに対して男性では、高齢層の貧困率はほぼ年次を追って、改善しています。男性での改善は、年金額が上昇したことによると推測されます。高齢女性について、1985 年と 1994 年では後期高齢者で貧困率が低くなっていたのは、当時に後期高齢期にいた 1910 年以前生まれの女性や 1914 年以前生まれの女性が、

家族と同居しているケースが多く、同居家族の収入が貧困削減
効果をもっていたと見られます。高齢女性の年金額も上昇はし
てきましたが、2003年以降の後期高齢女性（1923年以前生まれ）
では、同居のケースが少なくなったのでしょう。同居家族の収
入による貧困削減効果が見られなくなりました。そして80代
以上では貧困率が上昇し、30％に迫るという事態になりました。

　ほかの国についても事情を比べたいわけですが、残念ながら、
比較的簡単に見られる国際的なデータでは、性別の分析はされ
ておりません。日本でも系統的に性別で貧困率を出しているの
は阿部彩さんだけといってよろしいので、彼女の踏ん張りとい
いますか、奮闘に大いに感謝したいです。

◆シングルマザーの貧困率

　次に、子どもがいる現役世帯の、貧困率です。（図3）濃い棒
グラフが全体で、薄めの棒グラフは成人が2人以上の世帯、そ
して折れ線グラフがひとり親を示しています。OECDメンバー
以外の国、ブラジル、南アフリカ、ブルガリア、中国、インド、
ロシア、ルーマニアが含まれています。日本のグラフを見てい
ただきますと、太い矢印で示しておりますが、ブラジル、南ア
フリカに次いでシングルマザーの貧困率が高い。次に韓国です。
ここではひとり親という括りになっていますが、いずれの国で
もひとり親の大多数はシングルマザーですので、シングルマ
ザーと言い換えてよろしいかと思います。日本と韓国のシング
ルマザーの貧困率はOECDで最悪であるのみならず、OECD

図3　子どもがいる労働年齢世帯の人口の相対的貧困率（%）、2018 年
（または直近年）

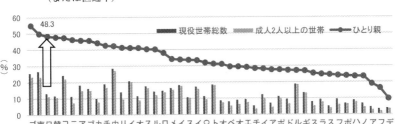

注：諸国はひとり親およびその子の相対的貧困率が高い順に配列されている。
　2018 年に OECD のメンバーでないのは、ブラジル、南アフリカ、ブルガリ
　ア、中国、インド、ロシア、ルーマニア。
出所：OECD Family Database, 4. Child Outcomes, CO 2.2 より作成

メンバー外のいくつかの国入れても、3 位と 4 位という憂慮す
べき状態にあります。

◆日本の貧困層の所得の現状

　次に、その貧困者や中間層の所得が、ほかの国に比べてどう
なのかを、図 4 で見ましょう。日本は基本的に「豊かな」国な
ので、貧困率は高いといっても、貧困層に含まれる人々の生活
水準は、ほかの国よりは高いのではないか。こういう議論は、
非常にしばしば聞かれます。そこで、これは名目可処分所得の
中央値のデータを抽出したうえで、それを購買力平価でドルに
換算したものです。

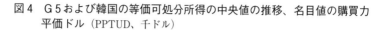

図4　G5および韓国の等価可処分所得の中央値の推移、名目値の購買力
平価ドル（PPTUD、千ドル）

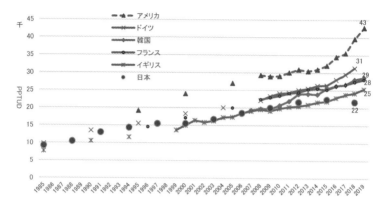

出所：名目等価可処分所得の中央値は、日本は国民生活基礎調査。他国は
OECD.Stat の Income Distribution and Poverty 欄の数値。ただし韓国の
2011 年以降は家計金融福祉調査の数値。OECD.Stat の Purchasing Power
Parities for private consumption によりドルに換算

　中間層というのは、この名目可処分所得の中央値にあたります。貧困層はその中央値の 50％未満の低所得層と定義されます。この図からいえることは、日本の中間層、その 50％未満の所得の貧困層は、G5および韓国のなかで最も所得が低く、しかもほかの国が上昇しているところ、低下気味であるということです。

◆伸びない日本の所得と賃金

　なぜこういうことになっているかというと、それは日本では所得も賃金も伸びないためです。

図5　1人当たり実質国内総生産（GDP）、購買力平価（PPP）、2015 年価格で実質化

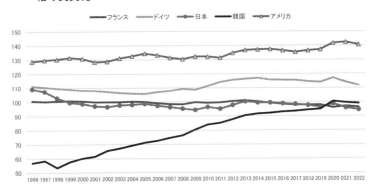

注：ユーロ圏の平均を 100 とする指数
出所：OECD.Stat より作成

図6　平均実質年収の推移

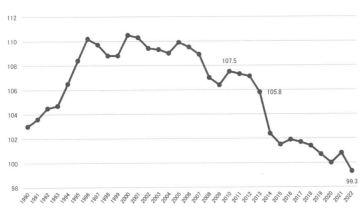

注：2020 年 ＝ 100。5 人以上事業所・全産業の平均。決まって支給する給与（超勤手当を含みボーナスを含まない）、1 カ月以上雇用の非正規雇用者を含む。
出所：毎月勤労統計調査より作成

13

　図5は、一人当たり実質の国内総生産（GDP）を購買力平価で比べてみたものです。日本の長期的な低落が目立ちます。GDPには企業の営業余剰も入っていますが、賃金はどうなのか、次のグラフ（図6）が示しています。毎月勤労統計による実質賃金ですね。2020年を100とする指数で示していますが、民主党政権期の実質賃金は安倍政権期より7ポイントは高かった。安倍政権になってつるべ落としのように落ちたことがはっきりしています。

　これは年平均ですが、毎月勤労統計ですから毎月とられています。それで月収を見ると、2022年の2月から対前年で低下を続け、今年の1月では96.0になってしまいました。このグラフに乗せようとしても、一番下が98ですから、下に突き破っている状態ということですね。

④ コロナ禍よりもコロナ対策禍ではないか

◆コロナで亡くなったのは誰か

　さて、コロナで亡くなった方の波ごとの性別・年齢階級別のグラフ（図7）を作りました。第1波から第8波で、第8波はいまだ終わっておりません。お気をつけください。コロナは、波を追うにつれ、高齢者キラーという特徴が強まり、なおかつ、だいたい女性と男性でトントンになってきました。つまり、男性キラーとはいえなくなったということです。コロナが高齢者キラーになった背景には、高齢者福祉施設でクラスターが多発したという事情があります。これまでに発生したクラスターの

図7　コロナ禍の波ごとの死者数、性別・年齢階級別

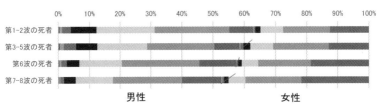

注：感染の波は、死者数の増減を目安に、第1-2波は2020年10月1日まで。
　　その後第3-5波は2021年12月末まで。その後第6波は2022年6月末まで。
　　その後第7-8波は2023年2月末まで、としている。ただし、性・年齢階級
　　が不明ないし非公表の死者は13,000人近い。
出所：厚生労働省HP「データから分かる──新型コロナウイルス感染症情
　　報」より集計

4割は、高齢者福祉施設で起こっています。飲食店でのクラス
ターはごく稀で、累計で3％程度しかありません。飲食店の営
業制限とは何だったのでしょうか。

　第1-2波や第3-5波を見ると、男性で60代までの死者が
構成比13％くらいでした。これがコロナは怖いという印象を、
強く及ぼしたわけですが、ワクチンの普及等もあって様変わり
をしています。ちなみに、性別・年齢階級が不明ないし非公表
の死者は13,000人に近いので、これがすべてではありません。
分かるところではこういう状況だということです。

　図8では、都道府県別に、高齢の累積コロナ死者数の人口に
たいする比率を取ってみました。ここで高齢者とは、女性につ
いては80歳以上、男性については70歳以上、つまり累積死者

図 8　高齢者の累積コロナ死亡者数、都道府県別、性別、人口比（％）

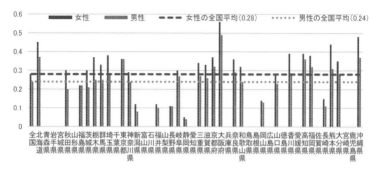

注：高齢者とは、女性については 80 代および 90 代、男性については 70 代・
　　80 代・90 代。棒グラフが立っていない 18 の県は、性別・年齢階級別に報
　　告していないと思われる。
出所：性別・年代別の人口は、総務省人口推計（2021 年 10 月 1 日）。
　　性別・年代別の累積コロナ死亡者数は、2023 年 2 月 28 日まで。
　　厚生労働省 HP「データから分かる──新型コロナウイルス感染症情報」

数が集中している年齢階級を取っています。棒グラフが立って
いない県が 18 ありますが、これらの県は性別・年齢階級別に
報告していないと思われます。
　まず指摘したいのは、福島県と東京都を除くすべての県で、
女性の数値のほうが高いことです。また、比率が突出している
県がいくつかあります。男女とも断然トップは大阪府です。も
うすぐ府知事選挙がありますよね。その次に沖縄、そして北海
道、というふうになっています。コロナへの対策で知事さんの
なかには脚光を浴びた方々がおられ、大阪府知事、北海道知事
は代表格でした。しかし現実は、こんなことになっていたので
す。ちなみに沖縄に関しては、米軍基地の防疫がザルだったと

いう事情があり、大阪・北海道と同列には考えられません。

　女性高齢者のほうが、コロナ死の人口比が高いのは、なぜでしょうか。入院優先度判断スコアというものも、関係していたのではないでしょうか。スコアを真っ先に作ったのは神奈川県で、それから埼玉県、東京都などが続いております。神奈川県のスコアのバージョン2を見ると、年齢や基礎疾患とは別に、男性であるだけで1点、加点をするという設計になっています。(2020年12月7日から運用された第1版では性別はない)。スコア3以上が入院を検討する対象であって、1点の意味は大きいわけです。スコアの有無によらず、男性の入院を優先する傾向もあったかもしれません。「姥捨て」という言葉が浮かびます。

◆超過死亡という社会問題

　しかし、報告されたコロナ死者数だけが本当にコロナの死者なのだろうか。検査されなければコロナの診断はつきません。感染しても検査も治療もされずに亡くなった方はいないのか。これは、誰にもわかりません。そこで、1つ手がかりになるのが、超過死亡あるいは過少死亡といわれる統計です。過去のデータの蓄積により、感染症の流行や大きな事故や災害が起こらなければ、ある年の何月に何人くらいの方が亡くなるだろうという推計が、かなりの精度でできるようになっています。推計よりも多数が死んだ時というのは、何事かが起こった時であり、近年の日本では、インフルエンザが下火だったため、推計よりも死亡が多くなる要因の大きなものは、コロナか自殺です。

「日本の超過および過少死亡数ダッシュボード」によれば、2020年1月初めから2022年10月末までの超過死亡の累積数は51,648人 − 152,834人でした。同期間の確認されたコロナ死者数は46,765人で、例年の死亡数をもとに推定される死亡数（点推定）からの超過数は152,834人ですから、コロナ死者数の3.3倍になります。ただし、このダッシュボードの超過死亡数には、自殺も含めて、コロナ禍に起因したのではない死亡も含んでいます。またダッシュボードの補足資料によれば、都道府県別に、確認されたコロナ死者数にたいして超過死亡数が大幅に多い県（鳥取県、島根県など）では、老衰死が多いように思われます。

　老衰は、2018年から日本の死因の第3位であり、以来特に女性で増えて2021年には女性の死因として同率第2位となりました（男性では第5位）。しかし、諸外国では「老衰」は多い死因ではありません（『朝日新聞』2022年10月19日）。「老衰」では、「大往生」だからと、治療はおろか検査もされずに死亡診断されるのです。老衰放置とは「姥捨て」といったらいい過ぎでしょうか。

◆女性の自殺率の変化

　最後に自殺です。日本、韓国、イギリス、ドイツ、アメリカ、カナダの2015年からの自殺死亡率（10万人対自殺数）です。2020年に女性の自殺が増えたことは、かなり報道されましたが、2019年とだけ比べることには、統計的にはあまり意味があり

ません。2019年が特異な年だった可能性があるからです。そこで、2015年から2019年までの平均をとり、それを2020年と対比しています。コロナ禍のもとで、日韓およびイギリス以外では女性の自殺死亡率は低下しました。男性ではイギリス以外で低下した。イギリスでは低い水準なりに男女とも自殺死亡

図9　女性の自殺死亡率（10万人対自殺数）の推移

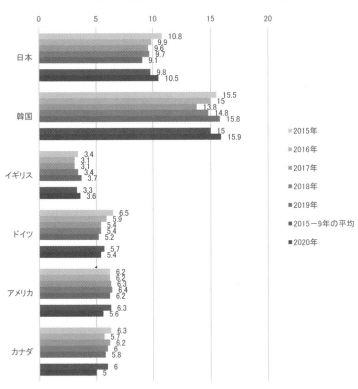

出所：『令和4年版自殺対策白書』図2-2-33のデータより作成

率がわずかに増えたわけで、ジョンソン政権のコロナ対策の迷走が影響したかもしれません。

じつは、大きな自然災害や外生的なショックが起こった時には、自殺は少なくなります。それが日本と韓国の女性では、そうではなかったわけです。日本では検査が絶対的に不足するなかで、科学的根拠もない休校や外出自粛、個人や家庭での防疫責任の強調、飲食・宿泊業などの営業制限といった「対策」がとられました。いずれも女性の就業や所得に打撃を与え、無償労働を激増させるような「対策」です。自殺はコロナ禍の二次被害、というよりコロナ対策禍だった、という論点が追究されなければなりません。

◆若い女性の自殺率が急増

『令和4年版　自殺対策白書』には、日本について、年齢階級別の自殺死亡率の推移を示すグラフがあります。それによると、女性では、9歳未満を除くすべての年齢階級で2019年から2020年にかけて上昇しました。2021年にかけても、とくに20-29歳と10-19歳で上昇が顕著です。これにたいして男性では、2019年から2020年にかけて20-29歳と80歳超を除くすべての年齢階級で低下し、40-49歳を別として、2021年にかけてさらに低下しました。

2020-2021年の10-49歳の女性の自殺数は6,049人で、コロナ死者の69倍にのぼります。合計特殊出生率を算出する際には、15歳から49歳の女性の出生率を足しあげます。10-49

歳というのはその区分よりやや広いですが、これだけの自殺は、少子化を確実に加速します。この女性たちが生きていてくだされば、生まれた可能性が高い 8,000 人以上の子どもが、永久に失われました。

◆ 姥捨て社会に NO

韓国の小説家のク・ビョンモさんの『破果』という小説が、日本語にも翻訳されました。最近、朝日新聞にインタビュー記事が載っておりました。「破果」という言葉は、痛んだ果物を指すそうです。彼女の語りのつぎの部分に胸を突かれました。

「自己犠牲ばかりが目に付く母親の姿を見て育った娘たちは「母親のようにはならない」と結婚と出産を拒否します。…そもそも、女性が幸せに暮らせる社会的なセーフティーネットが備わっていたら、「母親の老後はきっと幸せだ」と娘たちが十分に予想できる社会だったら、少子化という現象は今ほど深刻ではなかったはずです。」(『朝日新聞』2023 年 3 月 19 日)

文学者の鋭い感性に、改めてはっとさせられます。しかし、事態はさらに深刻ですね。日韓の「娘たち」は結婚と出産を拒否するだけでなく、生きること自体を拒否してしまった。このことを、真摯に考えなければいけない。

5 結語に代えて

今の日本社会で声の大きい人たちには、コロナ死者が高齢者

に集中していることについて、これで高齢化の重荷が減るという言説さえあるようです。ブラックジョークだと思いますが、高齢者は集団自決せよなどと発言した人が、テレビでまだ発言の機会を与えられています。高齢者のなかでも「姥」を捨てることについて、それを是としないまでも、やむをえないと見る意識は、大変根強いのでしょう。しかし、そうした意識は、比較的若い女性が生きることを拒否する現象にもつながっているのではないか。冒頭、「女性を罰する社会」に疑問符をつけましたが、日本社会の制度や慣行は、そうしたものなのではないかという点を、結論に代えつつ、私からの話題提供を終わらせていただきます。

第二部

W7の歩みとSDGsから
見たジェンダー平等の課題

講師　三輪 敦子

プロフィール：日本赤十字社外事部、国連女性開発基金（現 UN Women）アジア太平洋地域バンコク事務所、（公財）世界人権問題研究センター等において、ジェンダー、開発、人権、人道支援分野の様々なプログラムの実施支援や調査・研究に携わってきた。2017年より、（一財）アジア・太平洋人権情報センター（ヒューライツ大阪）所長。（一社）SDGs市民社会ネットワーク共同代表理事。国連ウィメン日本協会副理事長。関西学院大学SGU招聘客員教授。

皆さん、こんにちは。三輪敦子と申します。今日は、女性
人権機構再出発記念シンポジウムという非常に貴重な場に、
お招きいただきまして、大変ありがとうございます。

1 Ｗ７とは

　Ｗ７という政策提言の場に関わっておりますので、今日は、
Ｗ７を通じたジェンダー平等と女性の人権の実現について、お
話をさせていただきたいと思っています。SDGs にも関連づけ
てお話ししたいと思います。

　まずＷ７という名称です。初めて聞く方もいらっしゃるかと
思いますので、まずＷ７とは何かということから、お話ししま
す。

　近年、Ｇ７あるいはＧ20 といった世界の首脳が集まる議論
の場に対して、様々なステークホルダー（関係者・団体）が自分
たちの課題を投げかけ、首脳による議論や成果文書に反映させ
ることを目的として活動するようになっています。そうしたグ
ループのいくつかはエンゲージメント・グループと呼ばれ、
Ｇ７あるいはＧ20 の公式プロセスのなかに位置づけられてい
ます。具体的にはＢ７（Business）、Ｃ７（Civil）、Ｌ７（Labour）、
Ｓ７（Science）、Ｔ７（Think）、Ｕ７（Urban）、Ｗ７（Women）、Ｙ
７（Youth）といったエンゲージメント・グループがあります。
今年は、LGBTQI＋の方たちがＰ７（Pride）、プライドセブンと
いう新たなグループを立ち上げ、サミットを開催するという画

期的な動きも生まれました。Ｗ７は、Ｇ７サミットに向けて、ジェンダー平等と女性の権利を実現するための提言をまとめ、そして提言がＧ７首脳サミットの議論と成果文書に反映されるようアドボカシーを展開するために集まった女性団体、市民社会組織で構成されるグループということになります。

❷　Ｗ７の歩み

　Ｗ７は、2018年のカナダ以降、Ｇ７各国のみならず、世界の女性団体や市民社会組織の声を集めてＧ７の議論にジェンダー視点を主流化することを目指してきました。Ｇ７の指導者たちが女性と少女、さらに二分化できない性を生きる人たちの、あらゆる多様性を踏まえ、大胆かつ変革的な政治的コミットメントを表明し、そして適切で充分な予算配分を行い、コミットメントの具体的な実施を実現することが目的になります。

　Ｗ７の運営は毎年交代するＧ７議長国の女性団体や市民社会組織に任されてきました。2017年のＧ７イタリアの際にもＷ７は開催されたのですが、参加者の多くは省庁の関係者だったようです。先ほど、お話ししたように、女性団体、市民社会組織が中心になってＷ７が運営・開催されるようになったのは2018年のカナダ以来であり、サミット自体が開催されなかった2020年の米国を除き、2019年はフランス、2021年は英国、2022年はドイツで開催されてきました。2023年は日本ということになります。

◆2018年 G7　シャルルボア（カナダ）サミット

　簡単にそれぞれのＷ７の概要をご紹介します。先ほど、お話ししました通り、女性団体や市民社会組織が主催した初のＷ７になった2018年のＷ７カナダでは、以下の７つのテーマに沿って提言を作成しました。

① ジェンダーと交差性・複合性
② 経済的エンパワメント
③ 女性と平和・安全保障
④ 気候変動
⑤ セクシュアル・リプロダクティブヘルス／ライツ（性と生殖に関する健康と権利）
⑥ 女性に対する暴力
⑦ 女性運動／フェミニスト運動への支援

　カナダに関しては、トルドー首相が自身をフェミニスト首相と自称していることもあり、ご本人がＷ７サミットの会場に来場してスピーチをおこない、意見交換が実施されました。また、この年は、トルドー首相のイニシャティブでジェンダー平等アドバイザリー評議会、「ジアック（Gender Equality Advisory Council：GEAC)」と呼ばれる評議会が設置されました。日本からは、今日の会を主催されている女性人権機構の副理事長でいらっしゃる林陽子さんが日本を代表して参加されたのですが、Ｗ７のメンバーは、ジアック（GEAC）のメンバーの皆様との昼食会や首相主催のレセプションにも招待されました。Ｗ７と

の意見交換会に参加した際のトルドー首相の発言で非常に印象深かったことは、「社会の方が政治家や行政組織よりもずっと意識が進んでいることがある。物事を前進させるために、あなたたち、すなわちW7参加者の情熱が必要だ」と言われたことです。

◆2019年 G7　ビアリッツ（フランス）サミット

翌年、2019年のフランスでは、以下の4分野の提言を提出しました。

① フェミニストの視点に立った国内・外交政策の策定と実施
② 健康、教育、暴力根絶のための女性と少女のエンパワメント
③ 経済的エンパワメントとディーセントワーク（働きがいのある人間らしい仕事）の実現
④ G7によるジェンダー平等推進に関する説明責任の保障

しかしながら、マクロン大統領がW7サミットに来場することは叶わず、その代わりに、W7サミットと同時期に開催されていたG7男女共同参画担当大臣会合に参加していた大臣が来場して意見交換を実施しました。日本からは当時の中根内閣府副大臣が参加され、「ジアック」のメンバーも来場しました。林さんは前年に続いて「ジアック」のメンバーを務められ、ま

た、この年は英国の女優のエマ・ワトソンがメンバーに選ばれ、林さんたち他のメンバーとともに、Ｗ7の会場に来られました。

◆2021 年 G7　コーンウォール（英国）サミット

米国が議長国となった 2020 年には、前述のとおりＧ7首脳サミットは開催されず、Ｗ7も開催されませんでした。2021 年の英国でのＷ7サミットは、COVID-19（新型コロナウィルス感染症）のため完全オンラインの実施になりました。Ｗ7は以下の8分野の提言をおこないました。

① 経済的正義
② 気候
③ 女性と平和・安全保障
④ ジェンダーに基づく暴力
⑤ 健康および性と生殖に関する健康と権利
⑥ 教育
⑦ 民主主義・説明責任・意味ある政治参加
⑧ 人種的正義と脱植民地主義

オンラインでしたので、日本からも広く参加を呼びかけることができるはずだと思ったのですが、英国政府が指定したウェブ会議システムの制約のため、各国からの参加者は数名に限定されるという、残念な形態での開催になりました。英国Ｗ7には「ジョイセフ」の斎藤文栄さん、「＃なんでないのプロジェクト」の福田和子さん、そして三輪が参加しました。ジョンソ

ン首相のW7への来場は実現しませんでした。

◆2022年 G7　エルマウ（ドイツ）サミット

2022年のドイツW7については、アドバイザー制を導入したのが新しい点です。全世界にアドバイザーへの応募が呼びかけられ、日本からは斎藤文栄さんと三輪がアドバイザーとして参加しました。W7サミットは2022年5月に対面とオンラインのハイブリッドで開催されました。就任直後のショルツ首相が来場し、コミュニケと呼ばれるW7の提言を受け取ってスピーチをし、意見交換にも参加しました。

加えて2022年10月には、G7男女共同参画大臣会合の日程に合わせてW7の戦略評価会議が開催され、W7として、G7首脳コミュニケの評価やW7プロセスの検証を行ないました。加えて、男女共同参画大臣会合に参加した各国の大臣や政府関係者、そしてW7のアドバイザーが共に参加するイベントを開催し、そこには同時期に開催されていた「ジアック」の方たちもお招きしました。

W7ドイツのコミュニケでは、6つのテーマに沿って提言をまとめました。

① ジェンダー平等を妨げる構造的障壁の解消に資する変革志向の経済政策
② 仕事と起業の世界における女性への差別の解消
③ ジェンダー視点に立った変革志向の気候行動と生物多

様性保障

④ フェミニスト外交政策の採用と実施

⑤ ジェンダーに基づく暴力の予防・削減・救済を実現す
るための資金提供

⑥ 性と生殖に関する健康の実現

⑦ 効果的なモニタリングのためのメカニズム

　Ｇ7ドイツの成果の一つとして、「ジェンダー・ギャップに
関するＧ7ダッシュボード（G7 Dashboard on Gender Gaps）」と
いう新しい取り組みがあります。Ｇ7によるジェンダー平等達
成に向けた説明責任のためのメカニズムとして創設されました。
インターネットで「G7 Dashboard on Gender Gaps」と検索し
ていただくと、すぐに見つかると思います。日本の首相官邸の
ウェブサイトにも、日本のダッシュボードが掲載されています
ので、ご覧になっていただけたらと思います。ただ、現在のと
ころは様々なデータの一覧表のようなツールになっていて、
ジェンダー平等に向けたＧ7によるコミットメントの説明責任
を評価できるメカニズムとしては、まだまだ改善点が多いと感
じています。

　2023年のＧ7広島サミットに向けては、Ｗ7ジャパン2023
実行委員会を昨年の12月に立ち上げました。実行委員会には
12名が参加しています。事務局を務めているのは、SDGs市民
社会ネットワークのジェンダーユニットの幹事団体である
「ジョイセフ」と「JAWW（日本女性監視機構）」の二つの組織に

なります。加えて「プラン・インターナショナル」、「＃なんでないのプロジェクト」、「JYPS（ジャパン・ユースプラットフォーム・フォー・サステナビリティ）」、東日本大震災の被災地で女性のリーダーシップ支援をされてきた「ウィメンズ・アイ」といった団体の方たち12名で構成しています。ユース（高校生から30才以下の社会人）の方が3名おられ、25％がユースという構成です。今年の1月20日には、ドイツ政府、EU駐日代表部の後援により、Ｗ７のドイツからの引き継ぎと日本での実施に向けたキックオフ会合を東京で開催しました。和気あいあいとした雰囲気で議論するために、フィッシュボールと呼ばれる手法を使って話し合いの持ち方を工夫し、障害女性の方や性的マイノリティの方を含め、さまざまな方からプレゼンテーションをしていただきました。「ゲーテ・インスティテュート（ドイツ文化会館）」が会場だったのですが、こうしたイベントの開催はドイツ政府によるＷ７への手厚い支援の賜物と言うことができます。

③ 2023年 G7　広島（日本）サミット

　2023年のＷ７ジャパンは、ドイツを継承してアドバイザー制を採用しました。様々なネットワークを使って世界中に応募を呼び掛けたところ、250名近い応募が届き、皆さんの熱意に溢れた書類を、精査して、選考するのは大変でした。最終的に世界38カ国から87名のアドバイザーの方に参加していただいて、コミュニケ（提言）作成の議論を進めました。87名のアド

バイザーの40％がグローバルサウス、そして20％がユースという構成になっています。アドバイザー全員が参加するミーティングを何度も開催し、後述するワーキンググループ別の会合も開き、議論を重ねました。

◆スローガンとテーマ

　W7ジャパン2023のスローガンは、「Feminist Demands for Building an Equal, Just, and Peaceful Future（フェミニストは求めます、平等、公正、平和な未来の構築を）」に決めました。実行委員会で議論を重ね、最終的にフェミニストという言葉を使うことにしました。アメリカのブラックフェミニストであるベル・フックスは、その著書「フェミニズムはみんなのもの：情熱の政治学」で、フェミニズムについて、「フェミニズムとは一言で言うなら、性差別をなくし、性差別的な搾取・抑圧をなくす運動のこと」と定義しています。今回、LGBTQI＋あるいはソジエスク（SOGIESC　性的指向、性自認、ジェンダー表現、性的特徴）と表現される2分化できない性を生きる性的マイノリティの当事者の方たちにもアドバイザーとして参加していただきましたので、ウィメン（女性）という言葉を使うことには躊躇がありました。このベル・フックスの定義を借りれば、性差別に反対する人たちみんなを包含できます。多様性をはらんだ女性と少女はいうまでもありません。そのような背景で、フェミニストという言葉を使うことに決めました。議論のプロセスでは、フェミニストという言葉に違和感を感じる人が今でもユースの

33

なかにもいるということも理解したのですが、ぜひこの機会に日本でも、ご紹介した定義に則ったフェミニズム、あるいはフェミニストという言葉を定着させたいと思い、このスローガンに決めたという経緯があります。

　各ワーキンググループを横断するテーマとしては、交差性・複合差別の課題を掲げました。そして、アドバイザーとして、当事者や当事者団体の方たちに加わっていただきました。交差性・複合差別は、二つ以上のアイデンティティが交差し複合的に作用することにより差別、抑圧、不平等が強化される状況を意味する言葉です。例として障害女性の課題を考えたいと思いますが、障害者の課題を話す場で、障害女性の方たちが自分たちの課題を提起しても、それは女性の課題ですよねと言われて周縁化（周辺に追いやられる）され、また、女性の課題を話す場で、障害女性の方たちが発言されても、それは障害者の問題ですよね、と言われ周縁化されるということが起きてきました。どちらの場でも障害女性の課題は正当に扱われず、女性であることと障害者であることが相乗的に作用する差別や不平等の課題は可視化されません。在日コリアン女性、部落女性、アイヌ女性も同様の経験をしてこられました。2023年のＷ７では、こうした交差性・複合差別の課題の解決なしにジェンダー平等の実現はないという認識に立って提言の作成を進めました。

　また、women and girls in all their diversity と表現される多様性をはらんだ女性と少女の課題に丁寧に目を向けるよう努力し、繰り返しになりますが、性的マイノリティの課題を主流

化することにも留意しました。提言の草案が完成した後には、ユースの方たちだけが参加するユース・コンサルテーションと、広く皆さんに参加を呼びかけるパブリック・コンサルテーションを開催し、両方ともグローバルなネットワークに参加を募り、できるだけ広範な声と経験が提言に反映されるよう努力しました。こうした努力がどれだけ成功したかは皆さんの評価に委ねるしかなく、私たちとしては最大限の努力をしたとしか言えないところがあります。この2回のコンサルテーションにも世界各国から参加していただき、そこで出てきた意見を提言案の最終版に反映しました。

◆5分野の提言とは

W7ジャパン2023の提言は以下の5つのワーキンググループに分かれて議論しました。

① 女性のエンパワメント、意味ある参加、リーダーシップ

② 女性の経済的正義とケアエコノミー

③ 身体の自律と自己決定：ジェンダーに基づく暴力（GBV）、性と生殖に関する健康と権利（SRHR）、性的指向・性自認・ジェンダー表現・性的特徴（SOGIESC）

④ 持続可能性と正義のためのフェミニスト外交政策：複合的かつジェンダー化された人道危機および女性と平和・安全保障への対応

⑤ ジェンダー平等のための説明責任と財源調達

　提言の概要について簡単にご紹介します。

　まず前文では、Ｇ7広島サミットが平和、非軍事化、そして非暴力、これらを実現するまたとない機会だということを冒頭で述べました。女性団体、女性運動がジェンダー平等に果たしてきた役割を認識し充分な支援を提供してくださいということにも触れました。そして、ジェンダー平等を核とする平等で公正で平和な未来はすべての人に恩恵をもたらす未来であるということを、前文の最後で強調しています。

　ワーキンググループの1つ目は、「女性のエンパワメント、意味ある参加、リーダーシップ」がテーマです。現状認識として、人種主義、植民地主義、家父長制がジェンダー平等と女性の権利の実現を阻んでいると述べ、その上で選択議定書を含む「CEDAW」（女性差別撤廃条約　女性に対するあらゆる形態の差別の撤廃に関する条約）の完全な批准に言及しています。パブリック・コンサルテーションでいただいた意見を反映させた部分です。

　そして、2030年までに政治参加における完全な男女平等、男女同数を実現するために、クオータ制（格差是正のため、少数者に割り当てを行う暫定的特別措置の手法のひとつ）の導入を提言しています。教育に関し、自己肯定感をはぐくむ教育にも触れていて、そしてジェンダー状況を把握するためのデータの整備、さらにAIを含むデジタル技術の発展がもたらす女性と少女へのネガティブな影響への適切な対応や規制の導入を提言しています。

　2つ目のテーマは先ほどの大沢さんのお話と深く関わる分野ですが、「女性の経済的正義とケアエコノミー」です。パンデミック下における公的支出と支援の不十分さを補っていたのは女性の無償のケアワークでしたが、それが男女間の格差と不平等を更に拡大したことを認識し、政策全体にケアの価値と重要性を反映させて、ケアサービスとケアシステムへの公的支出を拡大するよう、提言ではGDPの2%増を目指すべきであると述べています。女性の無償のケアワーク負担を軽減し、そして保健・ケア分野の労働をディーセントワークにするように、またインフォーマルセクター（組織化されず社会保障等の対象にならず政府の公的統計にも表れない経済活動）での労働に従事する女性に留意した社会保障システムへの公的支出の増額、男女間の賃金格差の解消、仕事の世界のハラスメントの根絶、生活賃金の保障等を提言しています。

　3つ目のテーマが「身体の自律と自己決定」です。このテーマにはジェンダーに基づく暴力、性と生殖に関する健康と権利、ソジエスクあるいは性的マイノリティの人達への適切な対応が含まれます。多様なソジエスクを生きる人たち、LGBTQI+の当事者の人たちへの支援を含む国際人権基準にのっとったジェンダーに基づく暴力の予防・保護・処罰のための法整備、オンライン暴力への対応、包括的性教育の実施、UHC（ユニバーサル・ヘルス・カバレッジ）の一環としての性と生殖に関する健康の実現、避妊や中絶等の性と生殖に関する健康に関連するサービスへのアクセス保障、強制不妊手術政策の撤廃と被害者への

適切な対応等を提言しています。最後の問題に関しては、つい先日、3月23日に大阪高裁で、旧優生保護法下での被害者に対して、これまでの判断を覆す判決が出たところです。

4番目が「持続可能性と正義のためのフェミニスト外交政策」というテーマで、ジェンダー化された人道危機への対応、交差性の理解と人権に根ざして平和、安全保障、人道および開発援助、ジェンダー平等、環境、貿易に統合的にアプローチする外交政策の採用を求めています。選択議定書を含む女性差別撤廃条約の十分かつ効果的な実施や、移住に関するグローバルコンパクト、また女性と平和・安全保障に関する課題への充分な対応にも言及しています。軍事費の削減、またODAの最低20％をジェンダー平等を主要目的とする事業に支出すること、そして気候変動対応への充分な支出にも触れています。

5つ目のテーマは「ジェンダー平等のための説明責任と財源調達」です。ジェンダー平等をグローバルに推進する政策を実施するための交差性に留意した性別データ収集への投資、公約や政策への説明責任を検証するためのメカニズムの整備、国内・国外両方でのジェンダー平等を実現するための財源の調達、そして女性団体やフェミニスト団体への支援の強化を提言しています。

ちょっと駆け足でのご紹介になりましたが、今、ご紹介した5つのテーマの提言を完成させ、G7の議長である首相に手渡して、そしてG7首脳サミットの議論にジェンダー平等と女性の権利の課題が主流化され、首脳サミットの成果文書に適切に

反映されるよう活動していきたいと考えています。

　さて、ここからはG7の限界あるいは制約を踏まえたアドボカシーについて述べたいと思うのですが、G7は自発的グループであり、その宣言や声明に法的拘束力はないという現実があります。あれだけ盛大に、市民生活に多大な影響を与えながら集まって、写真を撮って会議を開催して宣言や声明をまとめるわけですが、その宣言や声明に拘束力はありません。

　宣言や声明に拘束力はないことを踏まえると、なおさらアドボカシーが重要になると考えています。2018年以来、一貫してW7が主張してきたのは、「言葉ではなく行動を」ということです。レトリックはもういい、約束は聞いた、美辞麗句はもういいので、約束したことをさっさと実行してくださいということになります。アドボカシーを展開する際には女性差別撤廃条約、SDGs、あるいは北京行動綱領といった国際規範となっていて各国がコミットしている公約の力を借りることも重要だと思います。そして、挙げにくい声、聞こえない声、聞こえにくい声、これは日本国内、G7各国、そして世界の声になりますが、そうした声をどれだけ聞いて政策提言に繋げられるかが、W7の存在意義だと考えています。W7の提言作成プロセスで実施したユースと一般向けのコンサルテーションも、そのような意図で実施しました。

　アカウンタビリティ（説明責任）確保に向けた試みということでは、2018年と2019年に「ICRW（International Center for Research on Women）」というアメリカのNGOがレポートカー

ドという取り組みをおこない、昨年のドイツでも、ドイツの主催団体により実施されました。レポートカードを辞書で調べると「成績表」という訳が出てきますが、一言で言うと、「評価レポート」ということになるかと思います。ジェンダー視点で「宣言、声明等の公約」、「それらが具体的にどんな政策になっているか」、「政策への予算措置」、「説明責任を確保するメカニズムの有無」を検証する実践であり、学ぶべき点が多いと思います。G7カナダとG7ドイツのレポートカードは、末尾に参考資料として記載しておりますので、是非、ご覧になってください。

W7では、G7ジャパンを日本のジェンダー平等と女性の人権実現の追い風にできるように活動を展開したいと考えています。障害、在日コリアン、部落、先住民族等、あらゆる多様性を踏まえた女性と少女、そしてLGBTQI+の方たちの人権課題については、他のG6の関心も高いと認識しています。

④ SDGs目標5の達成への働きかけ

さらにSDGsとの関連ということでは、ご承知の通り、SDGsには目標5として「ジェンダー平等を実現しよう」があります。差別の撤廃、暴力の撤廃、有害な慣行の撤廃、無報酬の育児・介護・家事労働の認識と評価、意思決定への参加とリーダーシップ、性と生殖に関する健康と権利、こういった課題が目標5の主な内容です。2023年は、SDGsに関する日本政府の最上位政策であるSDGs実施指針の改定がおこなわれるという重要

な年です。前回、2019年の改定の際には、パブコメ（パブリックコメント）の結果、優先課題に「ジェンダー平等の実現」が入りました。これに関しては、「SDGsジャパン（SDGs市民社会ネットワーク）」のジェンダーユニットの皆さんの大変な努力の賜物と言うことができます。今日も参加されている「JAWW」の織田さんが非常に強力なメッセージを発信された結果、集まった300件超のパブコメの1／3がジェンダー平等の実現に関する意見で、その結果、優先課題に「ジェンダー平等の実現」が入りました。ジェンダー平等は、それ自体が目標の一つを構成しているという点でSDGsの縦串であり、同時に全目標に主流化すべき横串です。これを誠実かつ具体的に実現するためには、今年のSDGs実施指針改定の際に、ジェンダー平等の実現をさらに具体的に求める声を上げていかないといけないと思っています。今回のパブコメは10月末頃に予定されていると聞いています。是非、私たちの声を政策に反映して、人権に根ざしたジェンダー平等を実現したいと思います。

　ジェンダー平等がなければ続く未来はありません。ジェンダー平等の実現で「天下を取って」続く未来を実現したいと思います。ご清聴ありがとうございました。改めて、本日は、このような機会を頂戴し、大変ありがとうございました。

【参考】

W7ウェブサイト　　https://women7.org/
W7 2018 Canada　　https://women7.org/w7-2018-canada/

W7 2019 France　　　https://women7.org/w7-2019-france/

W7 2021 United Kingdom　　　https://women7.org/w7-2021-united-kingdom/

W7 2022 Germany　　　https://women7.org/past_w7/women7-2022-germany/

GEAC（ジェンダー平等アドバイザリー評議会）　　　https://g7geac.org/

第三部

特別対談

気の向くままに、ゆるく
ジェンダー平等を語る

シンポジスト	大沢　真理
	三輪　敦子
モデレーター	芹田健太郎

芹田健太郎（以下、芹田）　大沢さん、三輪さん、どうもありがとうございました。

　　我々のテーマは確かに「どうする、日本のジェンダー平等戦略」なんですけども、「どうする家康」と違って日本のジェンダー平等戦略を問いかけている。平等戦略そのものに、どうするのよって言ってるわけではなくて、だから、何言いたいんだって思ってらっしゃるかもしれません。

① 改めて問う、現代の市民社会

芹田　わからないことがあるんですが。市民という言葉を使ったり、市民社会という言葉をお使いになったりしていて、それって何だろうな。ジェンダー平等と、男女平等参画の、その男女平等と言ってることとどう違うんだろうとか。実は私、女子大の学長をしていて、最初に話をする時に、元ゼミ生で仕事をしている女性たちに、こういうの最初に喋ろうと思ってんだけど、どうだろうと原稿を見せて尋ねた時に、先生、男女って言葉、女男って言い換えたらって、言われたんです。みんな男女平等、男女、男女なんとかって言ってるんですけど、女と男の平等と言い変えたら、世界の見え方が変わる。なんで女が先なんだとなるんですけれども、そういう点はどうなのかなと思いながらお話を聞いておりました。

三輪敦子（以下、三輪）　ありがとうございます。本当に、女男平等って、慣れていないので今は少し言いにくいんですけど、そうすることにまったく問題はないはずだと常々思って

おります。文章では意識的に「女性と男性」と表現しています。

芹田　女男なんですけど。女難みたいでちょっとなんか違う。

三輪　語感が良くないでしょうか。

芹田　かなと思ったりしますけどね。あと、市民社会、ってなんだろう。市民と市民社会も分からないんですけれども。我々の年代だと市民革命ってブルジョワ革命のことで市民というのはブルジョアじゃないの？と思っちゃうんですけど。違いますよね。そうすると、市民と地域とどう違うんだとかね。余計なことばっかり考えながら聞いてました。

三輪　市民の定義について、ありがとうございます。歴史的な定義を理解しつつ、W7において、また今回のご報告で**市民と表現する場合は、様々な国と地域に暮らす一人ひとりの個人と理解していただいて構わないと思います。**ただ、市民社会組織とか市民社会と表現する際にそれが何を意味しているのかということについては、市民社会、あるいは市民という言葉を使う私たちも、常に丁寧に精査しないといけないと思っています。誰かを代表するような言葉として安易に使うことは危険だと思っています。

芹田　僕なんか市民社会組織と言われても、何それって？と思っちゃうですけど、単純にNGOが作る社会だとかっていうことで間違いないですかね。

三輪　最近、国際会議等の場で、NGO（非政府組織）という言葉より、シビル・ソサエティ・オーガニゼーション（Civil

Society Organisation）という言葉を多用するようになっている
ことも背景にあるかと思います。NGO という言葉は、実は
定義や分類が容易ではありません。加えて、女性団体という
言葉ではなく市民社会組織という言葉を使う背景としては、
女性団体ではなくても、ジェンダー平等や女性の権利のため
のアドボカシーを展開するグループがたくさん生まれている
ことがあると思います。**ジェンダー平等の実現には男性の理
解と協力が必要かつ重要ということでもあります。**さらに少
し付け加えますと、先ほど最後に SDGs の実施指針改定につ
いてお話しし、前回の実施指針改定の際の最も重要な成果と
して重点分野に「ジェンダー平等の実現」が入ったことを挙
げましたが、もう一点、ドラフト段階で「国民」と表現され
ていた箇所に関して、「誰一人取り残さない」という SDGs
の重要理念を踏まえれば、**実施指針が国民だけを対象にする
政策であってはいけないはずだという認識に立って「市民」**
という表現に変えてくださいということもパブコメで多くの
方から意見が出された点でした。全部ではなかったのですが、
「国民」という表現が「市民」に変わった箇所もあるという
ことも追加させていただきます。

芹田　私、実は法律家なのもので、ついついそういう見方を
　　しちゃうんですけども、例えば住民という、今、神奈川県民
　　なんですけど、神奈川の住民というと、県民というと、日本
　　国籍を持っている者で、その神奈川という地域に住んでいる
　　者を県民と言うと、政府は言うんですよね。私は兵庫県にい

46

たものですから、兵庫県民っていうのはそういう意味ではない。兵庫県という地域に住んでいる、全部が兵庫県民なのだと、あえて、言ってたんです。そうすると国民の一部ではないんですが、外国の人も入る。

三輪　はい、そうです。そういう趣旨の表現です。ですので、市民と言う場合には、citizen という言葉の、特に法的な権利と一体になった歴史的な発展を踏まえた言葉というより、世界に暮らす一人ひとりの個人を表現する言葉として理解していただけたらと思います。個人と表現しても問題はないと思います。そして、大沢さんからは、「個人のみでしょうか、企業等の法人はどうですか」というご質問をいただいたのですが、基本的には個人ということで考えています。SDGs に関わる中で、つくづく感じていることの一つとして、**経済団体の方の変革に対する消極的な姿勢の強さがあり、危機感を感じる意見に遭遇する**ことがあります。例えばエネルギー政策、そしてジェンダー課題や人権に関する問題への姿勢です。人権との関連では、SDGs の目標16「平和と公正をすべての人に」のターゲットの一つに「国内人権機関の有無」があるのですが、ご承知のとおり、日本には、まだありません。2022年度に2回にわたり、政府のSDGs推進円卓会議の民間構成員が主催する形で実施された「SDGs実施指針改定に向けたパートナーシップ会議」を通じて提言をまとめた際に、「国内人権機関の設置」という提言に対し経済団体の方から消極的なコメントが入り、改めて驚き、そして非常に残念な

気持ちになりました。その際に感じたのは、**企業の方も、ご自身の所属を離れれば一人の個人あるいは市民であり、そして個人あるいは市民という観点に立てば、所属企業の利益という短期的視点を離れ、ご自身の住んでいる地域の環境、そして子どもや次世代への責任ということに自ずと思いが至るのではないかということです。**そのように考えることができるなら、誰しも勤務場所を後にし、所属を離れれば一人の個人あるいは市民であって、個人あるいは市民としての意識に基づいて、続かない未来を続く未来に変えるにはどんな変革が必要かということを考えることができるのではないでしょうか。逆に言えば、そのように考える人が増えないと、未来はないのではないかと感じています。これは大沢さんがご報告された少子化に関する課題とも根底の部分で重なっているとも思っていて、日本の企業において女性が男性と平等に仕事をすることができない背景には長時間労働を始めとするこれまでの日本の雇用慣行や習慣が足かせになっていて、そうしたことを変革しない限り未来はないと思いますが、これまでの意識や姿勢や慣行を変えるための大胆な変革には及び腰であるという残念な状況があります。

❷ 非軍事主義とジェンダー平等

芹田　ありがとうございます。コーディネーター特権を使って質問を、先にしてしまったんですが。質問が、聴いておられる方から来ておりまして、「**W7コミュニケに非軍事主義**

という言葉があったが、広島Ｇ７はNATO、EU、日本によ
るウクライナ支援を支持する声明を出すことが予想される。
**これに対してＷ７に集まったグローバルサウスはどういう声
をあげていますか？**」って質問があります。

三輪　大変重要な点をご指摘くださり、ありがとうございます。
この点については、どんなアプローチで臨めばいいのか、非
常に悩みました。例えばノーベル文学賞を受賞したスヴェト
ラーナ・アレクシェヴィッチに『戦争は女の顔をしていな
い』という著書がありますが、その本を読んでも、また女性
と平和・安全保障の課題の発展を考えても、戦争、そして平
和と安全保障の課題に、どのように女性の経験と声を主流化
できるのだろうかということをつくづく考えさせられます。
一方で、女性は今回の武力紛争に積極的に加担しているのか、
あるいは加担させられているのか、そのあたりについて立場
を明確にできる情報も残念ながら持ち合わせていませんでし
た。昨年来、今回のウクライナ危機が発生してから、私が一
番感銘を受けた言葉として、ウクライナの保育士さんが子ど
もたちを前におっしゃっていた「勝つとか負けるとか、どっ
ちでもいい。目の前の子どもたちが笑顔で過ごせるなら」と
いう言葉があります。これは、女性と平和・安全保障という
課題領域が考えるべき重要な点だと思っていて、すなわち非
暴力のカルチャーをどのように育めるのかということだと思
います。こうした課題にＧ７として取り組んで欲しいと思い
ますが、NATOとの一体化や強化を模索し、ウクライナが

軍事的に勝利することにどのように関われるかということが、今回のG7の最重要課題になってしまったように思えることには個人的には懸念を感じています。今後、この問題に対してどのように対応、あるいは対抗していくかは、W7にとって非常に重要なポイントであると思いつつ、あまり明快なお答えになっておらず申し訳ありません。ご質問の、この問題に対するグローバルサウスの声ということについては、グローバルサウスも多様ですので集約するのは容易ではないという背景もあり、**W7に集う誰もが合意できる主張として「非暴力を通じた平和の実現」を強調しました**。W7にとって、これは非常に重要な課題だと考えています。女性と平和・安全保障の分野の議論も昨年来、今回の危機に対して有効な貢献ができていないようで、そこも気になっています。

芹田　ありがとうございます。実は、「戦争は女の顔をしてない」というよりも、最近の傾向として、女性が兵隊として出かけて行く、ということが多くなってきてるんですよね。で、しかも敵兵を殺すその場にいて引き金を引かされてる。それにどう対応するかっていう問題も非常に多くあるんじゃないかという気もしています。

三輪　ありがとうございます。一方で、先ほどもご紹介した、当時のソ連がナチスドイツに対して戦った「大祖国戦争」と呼ばれる戦争に参加した女性たちの声を集めた『戦争は女の顔をしていない』という作品を通じてつくづく考えさせられるのは、当時、女性たちは「ドイツに勝つんだ」、「なんとし

てでも国を守るんだ」と考えて勇敢に戦争に参加するわけですが、国家の勝利へのそうした女性の貢献が、戦争が終わった後に正当に評価されてきてはいないということです。例えば、国を守るという気持ちで戦争に参加して帰ってきた女性兵士に対し、男性兵士の妻から「戦地で夫たちと仲良くやってたんだろう」といった非常に不当で侮蔑的な言葉が投げかけられたりする。女性兵士として、救護や後方支援にとどまらず、前線で、なかにはゲリラとして戦った女性たちもいたわけですが、その貢献は正当に認められないことも多く、そして、そのような状況のなかで、女性自身も自分たちの貢献を語ることをしなくなっていった、むしろ沈黙するようになっていったことなどが語られています。ご紹介した男性兵士の妻から女性兵士に対して発せられた言葉は、男性兵士に対しては決して発せられないのではないでしょうか。こういうことも私たちが考えるべき重要なポイントではないかと思います。加えて、ソ連兵が関わった戦争中のさまざまな蛮行に関して女性が声を上げづらい状況についても語られていて、作者が元女性兵士にインタビューした際に、そういう話を妻である元女性兵士がするのではないかと懸念を感じる夫がインタビューに同席しようとした事例も出てきます。私が『戦争は女の顔をしていない』から感じさせられたのは、**戦争における女性の経験と声がもっと正当に評価され、正当に共有されて政策に反映される**ことが重要なのではないかということです。積極的に戦闘に参加することを厭わない女性がたく

さん出てきて、それが男女平等であると考えられているのも
事実ですので、そういった状況をジェンダーの視点からどう
考えるべきかということも重要な課題だと考えています。

芹田　すみません、難しい話になってきて、大変だなと思わ
せてしまって申し訳ないことです。それでは三輪さんへ質問
を、一回置いて、大沢さんへの質問も来てますので、大沢さ
ん、よろしいですか？「女性の貧困の主な理由の一つとして、
女性には非正規労働者が多いことが挙げられる。特に**公務員
における非正規労働者は、年々増加していって、非正規の割
合が多くなってきている**。全体として極めてひどい長時間労
働があるため、女性が正規労働者となることを避ける状況が
ありませんか？特に地方自治体については？」という質問な
んですが、いかがでしょうか

大沢真理（以下、大沢）　大変重要なご質問をありがとうござ
います。第二次安倍政権が発足して三か月くらいから、日本
で実質賃金が下がり続けている原因の一つが、雇用の非正規
化であり、それは女性において甚だしいということもよく知
られた事実です。もう一つの要因が、消費税率を引き上げ、
その分物価が上がったけれども、これに賃上げがついてこな
かったという事情があります。そしてご指摘のように、特に
**自治体で、非正規の公務員を「会計年度任用職員」などと位
置づけるという変化も伴いながら、女性の非正規公務員を非
常に高い比率で使っているということも、問題の一つです。**
さはさりながら日本の男女賃金格差については、正社員同士

の賃金格差が非常に大きいという点も見なければなりません。これは昇進の男女格差の反映でもあります。では、なぜ昇進格差が出るかというと、管理職になると長時間労働でも残業手当はなくて、また責任も重くなるなどの事情で、女性があまり自分の昇進に積極的ではないのではないか、ということも指摘されるわけですね。そういう意味で、**長時間労働、責任が重い等々で、女性が正社員になることや昇進をためらう傾向もあるということも、男女賃金格差の大きな原因の一つだと思います**。そういう色々な要素が合わさって、日本の実質賃金はどんどんと低下してきているということを、まずはお答えをしたいと思います。しかしながら、女性の側が昇進をためらっているのか、それとも企業の側が女性の昇進に対して非常に高いハードルを設けているのか、これについては実証的なデータ分析に基づく研究もあって、女性の意識にばかり帰することはできない、いう点も、一言申し上げておきたいと思います。

３ 女子教育機関の役割

芹田　もう一つ、大沢さんにありますけれども。男性の女性嫌悪感情の主な要因は社会の制度・慣行によると言うことであるが、ネットにより強化拡大されている、ように思える。さらに一部政治家、タレント等の女性嫌悪感、感情が影響しているのではないかというのが一つで、もう一つは日本の制度・慣行を変えていけるような教育内容になっていないよう

な気がするが、教育の役割は、大きいのではないだろうかと、二つの質問です。

大沢　ありがとうございます。いずれも重要な点と思います。今日、私が申し上げたのは、ミソジニーということを感情のレベル、したがって心理学や精神保健などの領域の問題にとどめておくのではなく、女性が子どもを産んで働き続けようとすると、実際に不利益をこうむるという意味で、社会の制度・慣行がパニッシュしているのではないか、という意味で申し上げました。制度や慣行が感情をかき立てていると申し上げた覚えはありません。もちろんネットではいろいろな意見が吹き荒れており、一部の政治家やタレントが平気で女性差別的な、女性蔑視的な発言を行った時に、それを容認するだけでなく、拍手して迎えるようなオーディエンスでも、残念ながらいるということは事実でしょう。しかしながら、税金を使って公的に営まれている制度が、女性が子どもを産み、また働き続けることに対して不利益を及ぼすようになっている、ということは、人口減少社会としていかにも不合理な仕組みです。これは好き嫌いの感情のいかんを問わず改めるべきだというのが、私の年来の主張です。制度・慣行をなぜ改めないのか、改まらないのか、そこで教育はどのような役割を果たしているかも、非常に重要なご指摘です。やはり日本の教育は悪くなってるんですよ。第一次安倍政権の 2006 年に教育基本法が改正されて、家庭教育の役割であるとか、それから子育ての第一義的責任は親にあるだとかで、親と一口

にいっても、父親と母親の役割は違って、男らしさや女らし
さは重要であるとか、こういう考え方が2006年の教育基本
法改正の時に入れ込まれているんですね。そしてクラスの調
和を乱さない、不規則な発言をしない、先生のいうことに逆
らわない、従順な子どもたちを粛々と育てていくという体制
になって、すでに14、5年は経ってしまいました。教育基本
法改正への端緒はもっと前に開かれていたものを、安倍政権
が刈り取ったわけで、その背景に、日本会議や神道政治連盟
や、そして旧統一教会のような、極右といってもいいような
勢力の後押しがあったことを見ておきたい。従順な子どもた
ちは従順な大人に育ち、自分たちが置かれている状況がいか
に理不尽であれ、不当に不利益を被っていても、気づかない、
見ないようにされている、そういう力関係、権力の布置関係
が続いているように思っています。

芹田　ありがとうございます。なんて言うんでしょう、社会
的に安定した家庭の女子は女子大に行く可能性って非常に高
いんですけれども、その親からはいまだに良妻賢母っていう
言葉が聞かれるんですが、これってどうなんでしょうか。

大沢　私はずっと共学育ちですが、大学は東京大学で、東大
を共学というのはちょっと違うのではないか。男子大学に、
少数の女性も受け入れてやっているっていう限りで、大して
文化は変わっていないかもしれない。いわゆる共学校が共
学っていうのは、ちょっと僭越なところがあると見なければ
いけない。私は日本の現状で、女子高・女子大の存在意義は

大きいと思います。やはり男性がいないところで、女性はいやでもおうでもリーダーシップを発揮しなければいけない。つまり、フェミニスト・リーダーシップを育てる場に、女子大は確実になっていると思います。ただ、その女子高、女子大に娘さんを送る親御さんたちの意識はどうなのか、まだ良妻賢母をなんていってるってちょっと知らなかったんですけれども。

　日本では結婚が大変リスキーなものになっていることを、ご承知無いのだと思います。かつては妻の側に何の落ち度もなくて、納得しなければ、離婚されることはありえませんでしたけれども、最高裁の判例が変わり、夫の側の落ち度100％であっても、5年別居の実績があれば離婚が認められる時代に、すでに90年代の末くらいからなってきたわけです。妻の座は「終身指定席」ではないということを、わたしはそのころからずっといってきました。高校家庭科の教科書にも書こうとしたら、検定不合格になっちゃったという顛末もあります。結婚は大変リスキーなもので、何の落ち度もない妻もいつ離婚されるかわからない、そんな中で良妻賢母なんていってる場合じゃない、**自分のスキルを磨いて、何があっても生きていける。子どもを育てながら働き続けることができる社会でなければならない。**女子大はこういうことをぜひ教育をして頂ければと思います。

芹田　私は女子学生に対して、女子大の学長として、そういう風に言ってたんです。あんまり好評ではなかったんですね。

大沢　好評であろうがなかろうが、それが厳しい現実ですので。

芹田　4年間言い続けました。ごめんなさい余計な話。あの大沢さん、もう一つ。こども家庭庁の発足、どのように評価しますか？少子化対策の一歩前進だと思われますが。こういう質問を受けております。

大沢　岸田首相は今年の年頭記者会見で異次元の少子化対策といっていたのに、予算をどのくらい増やすのか国会で問いただされると、いろいろ精査して積み上げてみないと分からない、数ありきではないと答弁しています。これらの言葉をそっくり、あの防衛費の倍増、GDP比2％という数がまずありきの政策決定にたいして返したいと思います。もう一つが、こども家庭庁ですね。最初はこども庁にするといっていたのに、なぜ家庭をつけたのでしょうか？育児放棄や虐待など、家庭こそが苦しみの原因になっている子どもが少なくないことをきちんと見据えたら、家庭をくっつけるという動きは起こらなかったのではないでしょうか。せめて中黒打って、こども・家庭庁にしてほしかった。とにかく家庭が大事で、家庭が第一という声は、右側の方からものすごく声高に続いています。フェミニストがきちんとウォッチしていかなければいけないところではないでしょうか。

芹田　お隣の韓国ではその点、凄くもめたことがありましたけど、日本じゃ世論って弱いですね、いかがですか？感じとして。

大沢　それは感じざるを得ませんね。政府の政策やスタンス

に対して韓国の方々が批判や反対意見を上げていくときの速さや激しさには、いつも驚かされると同時に励まされ、そして我が身を振り返るという連続です。

④ SDGs の目標達成への提言

芹田　今度は三輪さんへ質問が来ております。「ドイツ政府はW７を支援していたとのことだったが、今年のW７に対する日本政府のサポートはどのようなものか。もう一つ、「GEAC（ジアック）」ですか、ジェンダー平等アドバイザリー評議会が 2018 年以降、作られているということだが、今年の「ジアック」は活動を始めていますか？「ジアック」とW７との連携はどのようになっていますか？」二種類の質問です。よろしくお願いします。

三輪　どちらも重要な質問をありがとうございます。先ほど、ドイツ政府と EU 駐日代表部からの支援でドイツから日本への引き継ぎとキックオフのイベントを開催したと申し上げました。日本政府からの支援については、何度も働きかけた結果、最終的に内閣府と外務省から支援をいただくことができたのですが、どこからの支援も得られない、それこそ手弁当覚悟の時期が長くて、このままでは会場を借りたりすることもままならないので、完全オンラインでしかW７サミットの開催は無理と思っていた時期が長かったんです。事務局の努力で、アメリカに本部がある OSF（オープン・ソサエティ財団）という団体から資金を獲得することができて、やっと見通し

がつきました。そして、ドイツほどの手厚さではないのですが、先ほど申し上げたとおり、日本政府も支援を提供してくれることになりました。日本での初めての開催であったW7に対し、政府からの支援をいただくことができたのは貴重な成果ですが、もう少し手厚い支援を期待したいというのが正直なところです。アドバイザーとして参加していただき、提言の作成にも積極的にかかわって下さった方たちのなかには、グローバルサウスからのアドバイザーを始めとして、資金援助があれば日本に来られるという方がいらっしゃいました。全員は無理としても、もう少し多くの方に来日のための資金援助ができれば良かったです。「ジアック（Gender Equality Advisory Council)」については、3月24日にメンバーが公表されました。日本からは白波瀬佐和子さんと黒田玲子さんが参加されていて、白波瀬さんが議長を務められます。「ジアック」とW7の連携については、「ジアック」が設置されたカナダの時から言われていて、先ほどご紹介した通り、カナダでは政府が両者を招いて昼食会を開催したりもしたのですが、必ずしも効果的な形で連携ができているとは言えないので、「ジアック」とW7が連携して、いい形で提言の投げかけやその実現に向けた働きかけをやっていくことは可能だろうかと思っているところです。

芹田　はい、ありがとうございます。それではほかには質問はないようですので、大沢さん、三輪さん、それぞれ最後にこのぐらいはぜひ言っておきたいと言うことがおありかと思

いますので、大沢さんからまとめの一言っていうのでしょうか、どうぞよろしくお願いします。

大沢　この頃、毎日のように怒っていて、いつから怒ってるか、忘れてしまったくらいです。三輪さんが今日ご丁寧に紹介してくださいましたSDGsですよね、第一目標は貧困をなくすことなんです。グローバルなプログラムで貧困なくそうというと、途上国のことと思われがちですが、今回のSDGsの画期的な点は、途上国に留まらず、**すべての国が国内定義に基づく貧困率を 2030 年までに半減することを掲げている点です**（SDG 1.2）。これに関連して、一昨年の 12 月に立憲民主党の西村智奈美幹事長が代表質問で岸田首相に問いただしたわけですね。これを、実行していきますか、と。そしたら岸田さんなんて答弁したでしょうか。相対的貧困率という国際的に使われて指標が、日本には「なじまない」と答弁してしまいました。

　　　その後、西村議員と厚生労働省がいろいろやり取りをしても、日本政府としてSDGsには合意していても、その 1.2 について、貧困を定義して把握し、それを半減するように努力することを、やるつもりがないという態度に終始しています。本当に驚くべき態度であり、**世界中でも日本でも貧困者の大多数は女性と少女ですから、Ｗ７でも貧困撲滅の課題をぜひ政府にプッシュしていただきたいと思います。**

芹田　ありがとうございます。三輪さんいかがですか

三輪　ありがとうございます。今、大沢さんが非常に重要な

点を指摘してくださったので、それにも関連づけながら話したいと思います。先ほどもご紹介した「SDGs 実施指針改定に向けたパートナーシップ会議」という会議が昨年、開かれ、そこで、2023 年 12 月に予定されている実施指針の改定に向けての提言をまとめました。私は「人間（People）」についての分科会を担当したのですが、その分科会から出てきた最も重要な提言が、日本における貧困、そして格差の解消を測るための指標をきちんと設定し、現状のデータを提示したうえで、達成目標と達成期限を掲げてくださいということでした。そして、その際には様々な属性、すなわち性、障害の有無、国籍、高齢者などの様々な属性別にデータを集めてくださいということを提言しました。日本は障害の有無という属性別に出すことが求められている SDGs のグローバル指標を全く報告していないという由々しき状況があります。先ほど、大沢さんから驚愕の首相見解を紹介していただいたところですが、貧困、格差の把握と対応については、何度、省庁に投げかけても変化が起きないという現実がありますので、みんなの声を合わせて変化を起こしたいと思います。**女性の貧困の問題は、W 7 でも、もちろん扱いますし、SDGs 実施指針の改定に向け、貧困と格差についての課題の認識と具体的施策をなんとか前進させたいと思っています。**

　加えて女性の人権ということでは、私が所属しているヒューライツ大阪（アジア・太平洋人権情報センター）では、日本に必要な人権インフラの三大課題として包括的差別禁止法、

61

国内人権機関の設置、そして個人通報制度の批准をあげているのですが、このなかの国内人権機関については、先ほどご紹介しましたとおりSDGsのグローバル指標に入っているにもかかわらず、日本政府は非常に後ろ向きです。UPR（普遍的・定期的レビュー）における日本政府の回答や自由権規約委員会における政府報告書審査での日本政府の答弁でも、一向に「検討」から前に進んでいることが感じられない回答に懸念を感じています。**これらの人権インフラがジェンダー平等と女性の権利の実現にとっても欠かせないというスタンスで活動を進めていきたいと思っています。**今日は、個人的にフラストレーションや悩みを感じながらW7の提言に入れてきた女性と平和・安全保障の課題に関する質問もいただきました。広島でサミットをやるのなら、非軍事化と非暴力、これらを是非とも実現する機会にしたいと考え、提言にも入れましたが、これをどのように効果的に打ち出していけるのかはW7にとっての最大の課題の一つかと思います。皆さんからいろいろなご意見を伺い、お知恵も借りながら活動していきたいと思っています。今日は貴重な機会を与えていただいて、本当にありがとうございました。

芹田　どうもありがとうございます。大沢さん、三輪さんのお話から特に私からまとめるっていうことをしなくてもよさそうな気もしますが、一点、我々、女性人権機構なんですけれども、女性の人権って何かって言われて。女性だけの権利ではないよ、ということを明らかにしておきたいんです。

　人権っていうのはご承知の通り、人は生まれた時から、生まれる前から権利を持っていて、胎児の権利を含めてですけれども、でその権利は人が成長するにしたがって、いろいろと増えてくる。親との関係の権利、家庭の中の権利、それから隣近所など社会との関係、大きくなるほどいろんな関係の中で権利が与えられているわけですね。そういうふうないろんな権利を全部、人は持っている。人って何かということについて、ある人権関係の条約の議論の際、日本政府が「パーソン（person）」という言葉を使って変えたらどうかって提案をしたことがあります。その時に「パーソン」って「人」は法人も含む。自然人だけの話をしているのに何それということで、否定されたことがありました。今ではヒューマンビーイング（human being）、人の存在、人たる存在、あるいはヒューマン individual ですけど、という形で、人（human）ということに中心が置かれ、人間ですよね。だから人間の権利、人は単純なことですと男と女から成り立って（男と女というのは国際社会でそう言ってますから）、人は女から生まれる、単純なことなんです。

　この枠組みを否定している、国があるんですよね。我々は日本のみならず、世界の人に向かって、人の権利の中で、私たち（女性たち）はまだもらってない、行使できないものがあるというのを女性人権機構で言っていて、それを強調し、獲得しようとしている。その面で今日の大沢さんと三輪さんのお話というのは大変刺激的であって、私どもとしては勇気

づけられる。男がそんなこと言ってんだよっていうんじゃなくて、男も女も関係なく、人権が与えられないのを特に強調している。その中に私も入って入れてもらってるっていうんでしょうか、女が入ると会議が長くなるって言った男がいましたけど、あの直後にブーイングが出たと言うのは、新聞記者も勉強したなと思います。ただアイヌの人に、「あ、イヌが来た」っていうことなんか言った時には誰も反応しなかったっていうことは新聞記者も駄目だった。男ばっかしが、新聞記者ですから今は女性もいますけど。そういう社会を作り変えていかなきゃならないというふうに、皆さんおっしゃっていて心強いなと思いながら聞かせていただきました。大沢さん、舌鋒鋭く言っているなと思いながら大変な勇気づけになっていたというふうに思います。今日はお二人に来ていただいて大変いいお話を伺って、いいお話だけではなくて、これを実行しなきゃ、アドボカシー、叱られるなーと思いますので、実行するような方策も考え、再出発に当たってもう少しいろいろな分野に訴えることができる、広報というのでしょうか紹介手段も持って活動して行きたい。とてもいいお二人のお話でした。本当にありがとうございました。

●女性人権機構の歩み●

1　設立趣意書 (2006年)

　1995年の第4回世界女性会議以来、女性の人権保障は世界の国々の主要な関心事になり、多様な施策が進められています。国家元首たちが21世紀の目標として合意した国連の「ミレニアム開発目標」には女性の人権に関する具体的な目標が数多く挙げられ、国連安全保障理事会は決議1325（2000）号において紛争予防や紛争解決などのプロセスへの女性の参画を促すなど、国際社会の取り組みは変化しています。

　しかし多くの合意や約束にもかかわらず、一方で、貧困の女性化が進み、国際的な人身取引が広がり、女性に対する暴力が蔓延し、また続発する紛争によって被害女性が増大し、HIV/AIDSによる女性の被害が深刻化するなど、女性の人権を巡る課題はなお山積しています。

　「女性人権機構」は、国内外のNGOや国際機関、政府・自治体等とネットワークを組み、協力し合って、国内外の女性の人権に関わる課題と取り組み、その解決を目指そうとするものです。主として日本を含むアジア・太平洋地域の女性の人権保障と推進に寄与することを目指しますが、より広い地域を視野に入れ、社会の持続的な発展と人間の安全保障、とりわけ男女共同参画・女性の地位向上を目的とする具体的なプロジェクト

を展開します。

　設立に関わるのは、女性問題や人権問題の研究者・活動家、国の男女共同参画行政や（財）女性のためのアジア平和国民基金において女性の名誉と尊厳の回復を目指す事業に携わってきた者などです。私たちはこれまでの研究や活動において培った知見や経験を活用し、課題解決へのいっそうの貢献を目指して、特定非営利活動法人を設立しようとするものです。

【設立メンバー】

理 事 長	**有 馬 真 喜 子**	ジャーナリスト
常任理事	**高 島 順 子**	元連合副事務局長
常任理事	**坂 東 眞 理 子**	昭和女子大学副学長、 元内閣府男女共同参画局長
常任理事 （事務局長）	**松 田 瑞 穂**	医療法人梁風会理事
理 　 事	**芹 田 健 太 郎**	愛知学院大学教授、 神戸大学名誉教授、 元国際人権法学会理事長
理 　 事	**鳥 居 淳 子**	成城大学名誉教授、 法制審議会会長
理 　 事	**橋 本 ヒ ロ 子**	十文字学園女子大学教授、 北京 JAC 共同代表
理 　 事	**林 　 陽 子**	弁護士、 早稲田大学法科大学院教授、 国連人権小委員会代理委員

理　　事	横田洋三	中央大学法科大学院教授、
		㈶人権教育啓発推進センター理事長、
		国連人権小委員会委員
監　　事	須永明美	公認会計士
顧　　問	谷野作太郎	㈶日中友好会館副会長、
		元インド大使、元中国大使
顧　　問	藤井威	みずほ銀行顧問、
		元内閣内政審議室長、
		元スウェーデン大使

2　これまでの歩み（2006 年から 2023 年）

〈1〉　シンポジウム及びセミナー（主催及び協賛）

2007 年 7 月　　　ASEAN＋3 諸国における人間の安全保障シンポジウム「女性の貧困の撲滅」基調講演：ムハマド・ユヌス氏（グラミン銀行総裁）

　　　　　　　　　〈会場：国際連合大学（東京都）〉

2009 年 11 月　　　ASEAN＋3 諸国における人間の安全保障シンポジウム「女性と貧困の撲滅」基調講演：テルマ・ケイ氏（前アジア太平洋経済社会委員会（ESCAP）社会および女性問題担当部長）

　　　　　　　　　〈会場：昭和女子大学人見記念講堂（東京都）〉

2010 年 8 月　　　「国連女性差別撤廃委員と語る日本の課題」（協賛事業）

　　　　　　　　　講師：ドゥブラヴカ・シモノビッチ氏（国連女性差別撤廃委員会委員）

〈会場：国立女性教育会館（埼玉県）〉

2013 年 8 月　国際セミナー「国連安全保障理事会決議 1325 号及び関連決議の国内行動計画評価」参加国：オーストラリア、英国、フィリピン、日本

〈会場：十文字学園大学（埼玉県）〉

2015 年 3 月　国際 NGO シンポジウム「北京世界女性会議から 20 年 ～その成果と女性の人権をめぐる課題～」（協賛事業）

内容：第一部「北京＋20」認定 NPO 法人国連ウィメン日本協会、日本女性差別撤廃条約 NGO ネットワークメンバーによる評価と課題

第二部「NGO との対話」

2018 年　「なぜ、女性差別撤廃条約選択議定書の批准は必要か」（協賛事業）

講師：パトリシア・シュルツ氏（元女性差別撤廃委員会委員、国連社会開発研究所シニア・リサーチ・アソシエイツ）

〈会場：衆議院第二議員会館、弁護士会館、女性就業支援センター（東京都）、北九州市立男女共同参画センター（北九州市）、京阪ホテル（大阪市）〉

2023 年 3 月　オンラインシンポジウム「どうする、日本のジェンダー平等戦略」

講師：大沢真理氏（東京大学名誉教授、教協大学

社会科学研究所所長、元東京大学副学長、経済学博士）、
三輪敦子氏（アジア太平洋人権情報センター所長、
SDGs市民社会ネットワーク共同代表理事、関西学院
大学SGU招聘客員教授）

2023年9月　　オンライン読書会「著者が語る『さらば、男
性政治』（岩波新書）の読み方」
登壇者：三浦まり氏（上智大学法学部教授）、櫻
井彩乃氏（内閣府男女共同参画推進連携会議有識者
議員）
〈オンライン方式〉

〈2〉　DVワークショップ

　女性人権機構は、「連合・愛のカンパ」の助成を受け、カナ
ダのブリティッシュ・コロンビア州からカウンセリングを専門
とする講師を招聘して全国の男女共同参画センターなどでDV
相談員の研修を行いました。特に、2011年の東日本大震災以
降は被災した女性の支援のため、東北地方を中心として研修事
業を行いました。2020年以降はコロナ禍のため、事業は中断
しています。

2008年1月　　講師：マギー・ジーグラー氏
〈会場：全国婦人会館（東京）、ライフサイエンス
センター（豊中市）、北九州市立男女共同参画セ
ンター（北九州市）〉

2010 年 2 月　　　講師：モーゲン・ボールドウィン氏

〈会場：全国地域婦人団体連絡協議会（東京）、福島県男女共生センター・女と男の未来館（二本松市）、もりおか女性センター（盛岡市）〉

2011 年 2 月　　　講師：ステファニー・カビク氏

〈会場：もりおか女性センター（盛岡市）、青森県男女共同参画センター（青森市）、札幌市男女共同参画センター（札幌市）〉

2011 年 10 月　　講師：スーザン・アームストロング氏

〈会場：名古屋市男女平等参画推進センター（名古屋市）、秋田県中央男女共同参画センター（秋田市）、もりおか女性センター（盛岡市）〉

2012 年 6 月　　　講師：スーザン・アームストロング氏

〈会場：久留米市男女平等推進センター（久留米市）、鹿児島県男女共同参画センター（鹿児島市）、延岡市男女共同参画センター（延岡市）、宮崎県男女共同参画センター（宮崎市）〉

2013 年 12 月　　講師：スーザン・アームストロング氏

〈会場：せんだい男女共同参画財団（仙台市）、大阪市男女いきいき財団（大阪市）、名古屋市男女平等参画推進センター（名古屋市）〉

2014 年 10 月　　講師：スーザン・アームストロング氏

〈会場：みやぎジョネット（気仙沼市）、せんだい男女共同参画財団（仙台市）、福島市男女共同参

画センター（福島市）〉

| 2016 年 3 月 | 講師：スーザン・アームストロング氏 |

〈会場：（一社）GEN-J（盛岡市）、青森県男女共同参画センター、青森県子ども家庭支援センター（青森市）、みやぎジョネット（岩手県南三陸町）〉

2017 年 3 月　　　講師：スーザン・アームストロング氏

〈会場：京都 YMCA（京都市）、QWE（大阪市）〉

2017 年 10 月　　講師：スーザン・アームストロング氏

〈会場：青森市男女共同参画プラザ（青森市）、（一社）GEN-J（盛岡市）、レインボーアドヴォケイト東北（仙台市）、みやぎジョネット（岩手県南三陸町）〉

2018 年 12 月　　講師：スーザン・アームストロング氏

〈会場：青森市男女共同参画プラザ（青森市）、（一社）GEN-J（盛岡市）〉

2019 年　　　　　講師：ミシェル・ノバコースキー氏

〈会場：秋田県中央男女共同参画センター（秋田市）、青森市男女共同参画プラザ（青森市）、（一社）GEN-J（盛岡市）〉

あ と が き

　2006年に設立された女性人権機構は、有馬理事長・松田事務局長が牽引してきた時代に一旦幕を閉じ、法人としては継続しつつも新しい時代に対応すべく、機構の活動を再開した。そして、その一環として、2023年3月25日にシンポジウムを開いた。

　有馬時代には、一方で、第1回シンポジウムにグラミン銀行のユヌス氏を講師に招きシンポジウムを開くなど、他方で女性支援のための研修事業を行ってきた、その会場は、シンポジウムは国連大学や大学講堂、議員会館ほかでなされ、研修事業は当然ながら、ときには地方自治体の協力の下、各地の女性センター、男女共生センター等であった。ただ残念なことに詳細な記録は残されていない。

　今回のシンポジウムは橋本新理事長・林副理事長の下、体制を一新し、その第一歩として企画された「どうする、日本のジェンダー平等政策」と題して行われたシンポジウムの記録である。

　これまで詳細な記録が残されていない中、記録はどのような形で残すのが良いのか、から模索が始まり、とりあえず、岩城・石川理事の努力で文字に起こし、最終的に、信山社出版編集部の、特に袖山氏、稲葉さんのご助言・ご協力を得ながら協議し、このような形で世に問うことができた。

あとがき

　日本のジェンダー平等の現状について問題提起ができている
とすれば講師の皆さまのご協力の賜物である。あらためてここ
に関係の皆さまに感謝する次第である（編集子）。

信山社ブックレット

どうする、
日本のジェンダー平等戦略

2023（令和5）年11月10日　第1版第1刷発行

©編　者　特定非営利活動法人
　　　　　女 性 人 権 機 構
　　　　　橋本ヒロ子・林陽子
　　　　　芹田健太郎
　発行者　今井　貴・稲葉文子
　発行所　株式会社 信　山　社
〒113-0033　東京都文京区本郷6-2-9-102
Tel 03-3818-1019　Fax 03-3818-0344

Printed in Japan, 2023 印刷・製本 ワイズ書籍(M)／渋谷文泉閣
ISBN978-4-7972-8534-5 C3332 ¥900E 分類 321.400

女性の参画が政治を変える — 候補者均等法の活かし方
辻村みよ子・三浦まり・糠塚康江 編著

パリテの論理 — 男女共同参画の技法
糠塚康江 著

オランプ・ドゥ・グージュ — フランス革命と女性の権利宣言
オリヴィエ・ブラン 著／辻村みよ子 監訳

性暴力被害の実態と刑事裁判
日本弁護士連合会 両性の平等に関する委員会 編（角田由紀子 編集代表）

森美術館問題と性暴力表現
ポルノ被害と性暴力を考える会 編

性暴力と刑事司法
大阪弁護士会人権擁護委員会性暴力被害検討プロジェクトチーム 編

婦人保護事業から女性支援法へ
— 困難に直面する女性を支える —
戒能民江・堀千鶴子 著

林 陽子 編著●国際社会の法的センシビリティー
女性差別撤廃条約と私たち

谷口洋幸・齊藤笑美子・大島梨沙 編著
●法的視点から、国内外の事例を紹介・解説
性的マイノリティ判例解説

信山社

国際人権法と日本の法制（せりけん新書）／芹田健太郎

新聞記事と国際法の話（せりけん新書）／芹田健太郎

国際紛争の解決方法（せりけん新書）／芹田健太郎

国際人権法／芹田健太郎

新ブリッジブック国際法入門／芹田健太郎

ブリッジブック国際人権法／芹田健太郎・薬師寺公夫・坂元茂樹

コンパクト学習条約集／芹田健太郎 編集代表 黒神直純・林美香
　李禎之・新井京・小林友彦・前田直子 編

国際人権法の歴史【新国際人権法講座 第1巻】(国際人権法学会
　創立30周年記念)／小畑郁・山元一 編

全13巻完結

国際法・国際人権法
芹田健太郎著作集

第 1 巻　人類史と国際社会
第 2 巻　地球社会の人権論
第 3 巻　永住者の権利
第 4 巻　犯人引渡と庇護権の展開
第 5 巻　欧米の揺籃期国際人権保障
第 6 巻　開発援助と緊急援助
第 7 巻　環境法・公害法と海洋法
第 8 巻　島の領有と大陸棚・排他的経済水域
第 9 巻　日本の領土
第 10 巻　紛争処理・条約締結・租税免除・戦後処理
第 11 巻　新国家と国際社会
第 12 巻　憲法と国際環境〔別巻Ⅰ〕
第 13 巻　随想・社会時評・講演録〔別巻Ⅱ〕

信山社